JN438141

심유재 사월집

너와 같은 나,
나와 같은 너에게

최영문 시집

심유재 사월집

최영문 시집

너와 같은 나, 나와 같은 너에게

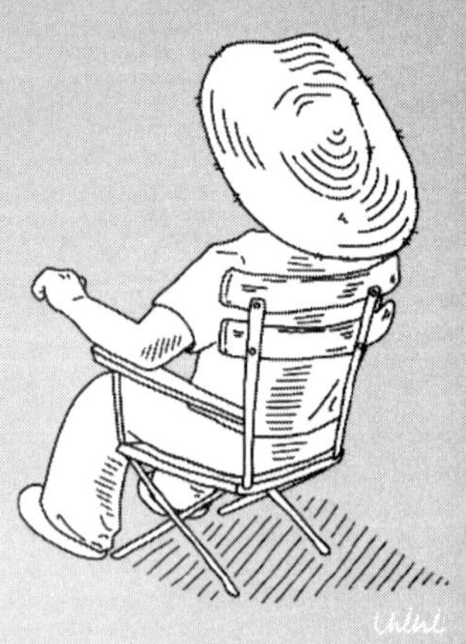

문학공원 시선 222

심유재 사월집

너와 같은 나, 나와 같은 너에게

최영문 시집

외유내강(外柔內剛)의 시학

살면서 만나는 수많은 인연 중에서
너 같은 나와 나 같은 네가 존재함을 가슴 깊이 알게 되었습니다
시작은 서로를 알아가는 단순한 질문과 호기심이었지만,
만나는 과정에서 서로 같은 하나였음을 알게 된 것입니다

문학공원

시인의 말

용기를 내봅니다. 낙서를 글이라고 써놓고는 시집이라고 이름을 붙여 감히 출판하게 되었습니다. 시집의 제목을 『너와 같은 나, 나와 같은 너에게』 이라고 해놓고 보니 면구스럽기 그지없습니다.

우리의 내면에는 나와 또 다른 내가 하나 이상, 아니 수십에서 수백만의 나가 존재한다고 생각합니다. 로버트 루이스 스티븐슨의 소설 『지킬 박사와 하이드』 에서도 내면에 존재하는 또 다른 모습을 썼고, 영화의 〈헐크〉나 만화영화 〈아수라백작〉도 그런 인간의 내면 있는 다른 나의 양면성을 드러내놓은 그것으로 생각합니다. 저 역시 그렇게 나의 내면에 존재하는 나를 너라 칭하고 보니 『너와 같은 나, 나와 같은 너에게』 이라는 제목을 붙이게 되었습니다.

그리고 육십여 년을 살면서 느끼는 것은 살면서 만나는 수많은 인연 중에서 너 같은 나와 나 같은 네가 존재함을 가슴 깊이 알게 되었습니다. 시작은 서로를 알아가는 단순한 질문과 호기심이었지만, 만나는 과정에서 서로 같은 하나였음을 알게 된 것입니다.

때로는 인간관계가 아닌 사물에서, 눈길 주지 않는 길섶에서, 자라나는 이름 모를 작디작은 들풀에서, 어릴 적 뛰놀던 조종천 냇가 작은 자갈에서도, 너 같은 나와 나 같은 너를 봅니다

나와 같은 DNA를 99.999% 가지고 있는 부모님과 자식도 그런 것 같습니다. 어느 날 이발소에서 이발하면서 꾸벅 졸다가 이용사님께서 '움직이지 말라'고 하여 놀라서 거울을 봤는데, 거울 속에 작고하신 부친이 계셔서 엉겁결에 인사를 드린 적도 있었고, 늦은 퇴근으로 집에 도착해서 잠자는 아들의 모습에서 내 모습을 발견하고는 깜짝 놀란 적도 있었습니다.

이렇게 용기를 내어 시집을 낼 수 있도록 해주신 '너 같은 나와 나 같은 너'에게 진심으로 감사드리며 나의 영원한 멘토(mentor)이며 나를 영원한 멘티(mentee)이게 하여주신 내 영혼의 스승님이시며 사랑이신 분, 당신에게 책을 드립니다.

말할 수 있을 때, 표현할 수 있을 때, 할 수 있을 때 합니다. 사랑하고 사랑합니다. 감사합니다.

2023년 초여름

최 영 문 올림

외유내강(外柔內剛)의 시학

김 순 진(문학평론가 · 고려대 평생교육원 교수)

최영문 시인을 알게 된 것은 지난해 강경배 · 김정자 · 김화연 · 선경님 · 최영문 시인의 5인 시집 『비와 함께 보내는 연서』를 출판하면서부터다. 이 5인 시집 『비와 함께 보내는 연서』는 많은 독자로부터 폭발적인 인기와 함께 호평받았는데, 그 밑바탕에는 진한 서정으로부터 올라오는 그리움이 깔려 있었기 때문이라 평가할 수 있다.

그때 필자는 서문을 통하여 5명의 시세계를 조금씩 언급한 바 있는데, 최영문 시인의 시에 관해서는 "최영문 시인의 시는 고향과 전통, 향토적 정서를 밑바탕에 깔고 있어 읽는 이가 은연중에 고개를 끄덕이게 하고, 무릎을 치며 공감하게 한다. 고향 지형지물과 건물뿐만 아니라 어려서부터 습득해온 언어 습관은 그 작가를 가장 독창적인 작품으로 이끄는 원동력으로써 이 시인은 그런 자산이 많은 시인으로 많은 독자를 불러 모으게 될 것 같다."고 평한 바 있었다.

이 시집은 크게 6부로 나뉘어져 편집되었다. 1부는 '마음에 관하여'란 단원으로 최영문 시인은 내공이 단단한 시인이다. 옛말에 남자는 수신제가치국평천하(修身齊家治國平天下)라는 말로 먼저 자신의 마음을 닫고 가정을 다스리며 차후에 나라를 다스리라 했는데, 최영문 시인이 나랏일을 다스리는 것은 아니지만, 그래도 그는 늘 자신의 마음을 추스르고 안으로 아우라를 쌓아 겸손한 사람이 되려고 노력한다.

두 번째 단원은 '그리움에 대하여'라는 단락으로 만은 시인들이 시인이 되고자 했던 이유는 내적인 그리움이 많았기 때문인데, 최영문 시인 역시 내적인 그리움이 그 누구보다도 많은 사람으로 그리움은 그가 시를 쓰는 이유가 된다. 그에게 그리움의 대상은 어머니나 고향에 대한 그리움에서부터, 친구와 이성, 그리고 사물에 대한 그리움에 이르기까지 수많은 그리움은 그가 책상의 컴퓨터 앞에 앉게 하는 이유다.

세 번째 단원은 '사랑[愛]과 정(情)에 관하여'라는 단락으로, '인간이 살아가면서 가장 중요한 것이 무엇이냐?'고 물을 때 많은 사람들은 물이라든지, 물질이라 생각하겠지만, 최영문 시인은 '사랑'과 '정'이라는 두 단어를 떠올린다. 인류 사회를 구성하는 가장 중요한 기초적 단어는 최영문 시인이 말했듯이 '사랑'과 '정'인데 많은 사람들은 물질로 착각하고 이 단원은 있음을 주지하고 있다.

최영문 시인이 네 번째 단원에서 이야기하고 싶은 말은 '사계(四季), 그 시간에 관하여'다. 우리나라가 이만큼 풍부한 의복과 음식, 거주의 문화를 가지게 된 것도 사계절이 뚜렷한 이유이고 보면, 최영문 시인이 다루어야 할 수많은 의문과 난제 속에 '시간'이란 문제는 대단히 중요해 보인다.

다섯 번째로 그가 다루고 싶은 단원은 '인생에 관하여'란 단원이다. 인생이란 그 범위가 너무 광변무대하고 깊고 그윽하여 한마디로 정의하기 어렵다. 그래서 그는 어떻게 사는 것이 올바로 살아가는 인생인가에 대하여 끊임없이 고뇌한다. 그의 그러한 철학적 사고가 우리 사회를 올바르게 이끌어가는 원동력이 될 것을 믿어 의심치 않는다.

여섯 번째 단원은 '에필로그'로써 말 그대로 이 시집을 마무리하는 마음을 피력하는 단원이다. 이 단원에서 그는 네 가지 소재 즉 '만남', '자유', '떡 본 김에', '오래 살아야 할 이유'에 대하여 피력한다. 그가 입에 올리는 만남은 타인과의 만남이 아니다. 30대의 나를 40이 돼서 만났을 때, 그리고 40대의 나를 50이 돼서 만났을 때, 역시 50의 나를 60이 돼서 만났을 때 나는 나를 어떻게 평가할 것인가에 대한 자아 통찰적인 만남이다. '자유'라는 소재 역시 나는 무엇을 추종하며 살았는가, 그리고 무엇을 추구하며 살아갈 것인가에 대한 생의 목적에 관한 이야기다.

사람은 누구나 자기 잘난 멋에 산다고 한다. 그것을 우리는 자유라고 한다. 자기가 그림을 그리고 싶으면 그림을 그리면 된다. 하모니카를 불고 싶으면 하모니카를 불면 된다. 그처럼 그는 인생의 후반전에 뚜렷한 목표를 가지고 인생을 살고 있다. 시를 쓴다는 것, 그것은 결국 남을 이롭게 하거나 도움을 주는 역할이기보다 스스로 반성하고 올바른 길로 가도록 도모하며, 결국 우리가 이 땅에서 소풍이 끝나는 날 나 스스로 잘 살았다는 말을 할 수 있기를 기대하며 사는 것이라 생각한다.

그런 맥락에서 볼 때 최영문 시인의 시편들은 마음이 인간을 움직이고 살게 하는 보편적 가치라는 말을 타당하게 한다. 전체의 시편들을 찬찬히 살펴본 바에 따라 다섯 가지로 크게 정의하자면 그의 시는 첫째, 겸손의 시학이다. 둘째, 그의 시는 그리움의 시학이다. 셋째 그의 시는 사랑의 시학이다. 넷째, 그의 시는 적응의 시학이다. 다섯째, 그의 시는 성찰의 시학이다. 그래서 이를 모두 통틀어 말한다면 그의 시는 안으로 덕을 쌓고, 밖으로 부드러우며, 스스로 삶에 충실하고, 넉넉하지 않으나 부러울 것 없는 삶을 추구하고 있는 것이다. 그래서 나는 그의 시편들을 일컬어 외유내강(外柔內剛)의 시학이라 부르고 싶다.

이처럼 훌륭한 문체와 유려한 문장으로 첫 시집 상재를 하게 됨을 진심으로 축하드린다.

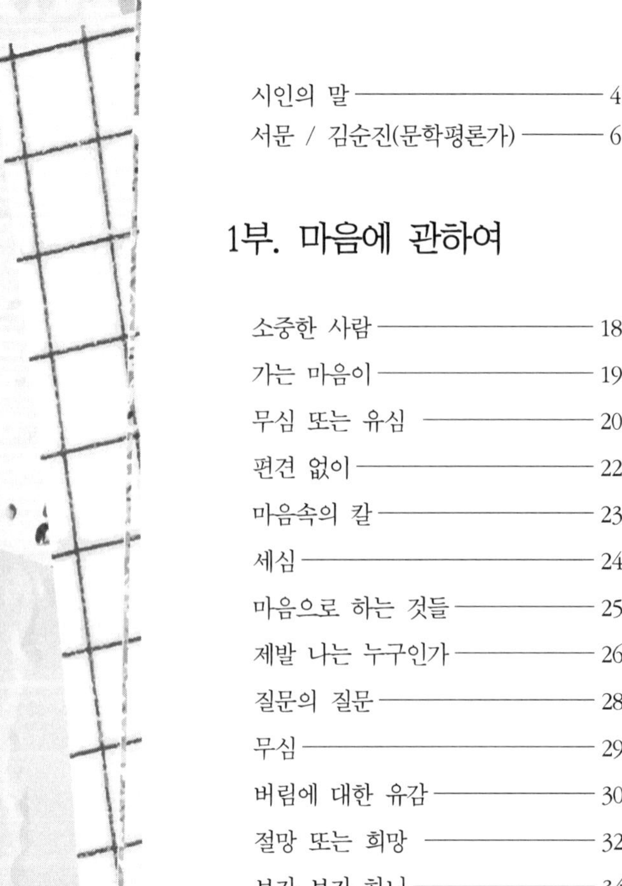

1부. 마음에 관하여

2부. 그리움에 관하여

차 례

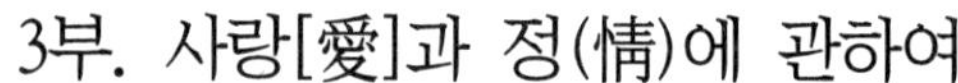

3부. 사랑[愛]과 정(情)에 관하여

4부. 사계(四季), 그 시간에 관하여

5부. 인생에 관하여

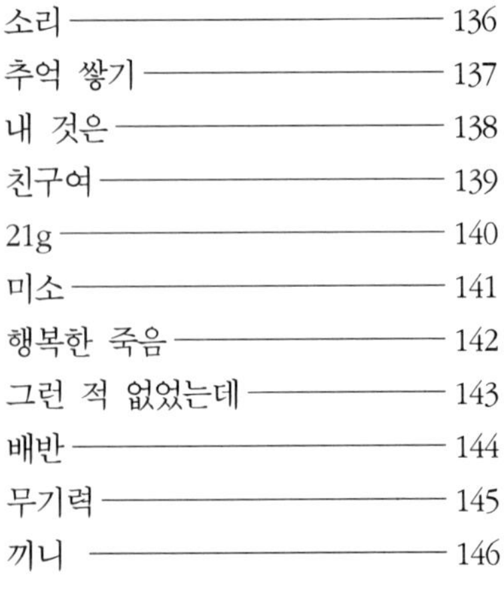

6부. 에필로그

1부

마음에 관하여

소중한 사람

나에게 소중한 사람은
대단한 능력을 지닌 사람이 아니라
함께 밥을 먹고 전화하고
오늘의 이야기를 나눌 수 있는 사람입니다

만나면 좋은 친구
안 만나면 그냥 친구이며

끄덕끄덕 공감해주고
언제나 그 자리에
함께 하여주는 사람이
나에겐 소중한 사람입니다

가는 마음이

잠 못 이루는 갈등의 시작은
잠을 이루지 못해서가 아니고
잠을 이룰 수 없는 현실의 고단함이었을까

아직 겨울바람이 차갑다고 하나
눈 아닌 그저 겨울비 내릴 촉촉한 적당한 습함에
희뿌연 설움처럼 하나둘
임 그리운 겨울비 내리고

첫 키스
쌉싸름한 키스만으로도 황홀한
그런 아름다운 밤이었지
영원하고 영원하며 영원하리다

행복이 그 무엇보다 먼저임을
내 사랑이 내 목숨과도 같음을
임에게 가는 마음이 사랑뿐이겠습니까
함께 가고 싶습니다
갈 수 있는 곳까지
그곳, 임 행복한 곳으로

무심 또는 유심

음…, 생각이란 걸 해봤소
그 사랑에 대해 다시 생각이란 걸 해봤소
그 생각에 대하여
생각이란 것이 정답이나 오답
아니면 옳고 그름을 답하기 위한 것인지
생각은 맘 편한 것에 대한 피드백[1]을 만들거나
그래서 롤백[2]하거나
자기 결정하는 것이 생각인 것 같소

결국 맘 아픈 사랑 따위는 줍지 말고
개나 소나 주는 게 맞는 것 같구려
아니 아니요
아파지자고 하는 것이니
마조히즘적[3] 자기애가 아닐까 하오
무심한 척

아니 아닌 그것 같소

---

1) 피드백(feedback) : 입력과 출력을 갖춘 시스템에서 출력에 의하여 입력을 변화시키는 일
2) 롤백(Roll back) : 현재의 데이터가 유효하지 않거나 망가졌을 때 기존 데이터로 되돌리는 행위
3) 신체 및 정신적으로 상처받는 방법을 찾는 심리

해도 아니 해도 무조건 생각을 해야 하니
무심 말고 유심인 것 같소
그 사랑이란 것이

맘에 있든 없든 그 사랑에 축배를
수고하는 생각에 감사와 경의를
오늘은 무심이고 싶은 날인가 보구려

편견 없이

그럴 줄 알았소
어? 다시 봐야겠소
첫인상 그대로입니까

나무가 옷을 입고
꽃을 피우고 열매를 맺고
다시 나신이 되고
그렇게 계절이 바뀌고
시간이 흐른 뒤에도 그대로이면

임에게 나는
마음이 가는 긍정이었으면
사랑 가는 그런 마음이었으면 하는 바외다

존재적 가치와 가치적 존재로 볼 때
어느 쪽이 되었던 의미가 되고 싶습니다
편견 없이

마음속의 칼

누구나 마음속에 칼 한 자루는 품고 산다
누군가로부터 분노와 고통으로 힘들어하느니
언제든 복수할 칼 한 자루쯤은
아니다 누구나 마음속에 인연 하나 품고 산다
인연이 악연이 아닌 다음에야
가슴에 칼 아닌 들꽃 한 다발 품고 산다
언제든 사랑 고백할 작은 들꽃

내 가슴속 칼 한 자루가
고운 달빛 인연으로 하여 들꽃으로 변했다
주선(酒仙)도 취선(醉仙)도 아닌 주정꾼을
이름 모를 들꽃과 들풀도 사랑하는 시인이 되게 했다

그는 살기 품고 사는 사람을 사랑을 품게 하고
독을 품고 사는 사람에게 약을 품게 하고
울음을 품고 사는 사람에게 웃음을 품게 하는
내겐 사랑이었다
아플시라도 하얗게 웃음 짓게 하는 행복이었다
아플 줄 알면서도 칼보다 들꽃을 품게 한 기쁨이었다

세심

몸 씻기, 세신(洗身)
물로 씻기
물로 안 씻길 때
비누 세제로 씻기

마음 씻기, 세심(洗心)
좋은 글이나 말로 씻기
좋은 글이나 말로 안 씻길 때
님의 해 맑은 미소로 씻기

영혼 씻기, 세혼(洗魂)
믿음과 사랑으로 씻기
믿음과 사랑으로 안 씻길 때
거짓 아닌 진실로 씻기
가식과 허상
그리고 위선이 가득한 세상이구려
아무리 세신과 세심, 세혼을 한다 한들
이미 더럽혀진 것을 어쩌란 말이오
그래도 님의 맑은 미소와 마음과 영혼으로

마음으로 하는 것들

백 번도 천 번도 더했다 마음으로는
하지만 내가 나도 미운 나인데
너도 내가 미울 텐데 전화인들

기다릴 수 있는 나는 있는데
기다림을 모르는 시간은
가는 건지 멈춘 건지
기다림이 망부석 될까나
목이 메어 넘어가는 물도 목이 멘다

영원한 사랑은 없다 했다
아니, 있다
영원한 사랑은
이 세상 삶의 끝에 있기에
없는 것처럼 보일 뿐
나는 오늘도 영원한 사랑을 한다
마음으로

제발 나는 누구인가

나는 누구인가
화두(話頭)에게 묻고 AI에게 묻는다면

AI(인공지능)가 사람이라네
벼슬 하나 없는
송곳 하나 내 맘대로 꽂을 땅 한 평 없는
태어난 날이 있으니
날 때부터 죽을 운명인 그저 그런

화두*가 사람이라네
태어나고 죽을
제발 제발 하며 살다 죽을
살아 있다면 사랑 때문이요
그 목숨 다했다면 그 또한 사랑 때문인

AI가 화두에게
서운하다 마시게
야속하다 마시게
섭리이며 이치인 것을

화두가 AI에게
잡는다고 잡히겠나
놓는다고 놓이겠나
찰나이며 순간인 것을

하여
나는 제발 인 게요
혹시나 하고 살고
역시나인 답뿐인
제발 제발 하며 살고지고 할(喝)

* 화두 : 불가의 수행자 숙제

질문의 질문

내 맘 알지
무슨 뜻인지 알지
라고 물으신다면

내가
다 안다고 하겠소
알 것 같다고 하겠소

무심

무심(無心)
무심타
무심하다
무심할 거다
무심할 것 같다
무심이 병이라
마음이 없는 것인지
없는 마음인 것인지
아닌 것 같아서
있는 듯 없는 듯하여
그래서 무심이 병이라 하였소
아픈 것인지요
아프지 마시구려
무심이 병이면
무심하지 않으면 될 텐데

버림에 대한 유감

흔히 버려야 행복하다 합니다
법정 스님은 무소유가 삶을 행복하게 한다고 하셨듯이
무소유의 실천은 버림이 첫걸음일 거로 생각합니다
버린다는 것에 대하여
어제 소나무 숲길을 걸었지요
하늘로 높게 솟은 나무를 보면서
소나무를 유심히 보았지요
그러면서 느낀 것이
버릴 것을 버린다 해도
버린 것이 아니라 되돌아온다고 생각했어요
소나무가 하늘로 자라면서
아래가지는 떨구어 버리고
위로위로 푸르게 자란다는 것
떨어진 낙엽과 가지는
소나무 처지에서 보면 버린 것이죠
버려진 낙엽과 나뭇가지가
소나무가 더 푸르게 자라라고 밑거름이 되듯이
버린다고 해서
버려지는 것이 아니라는 것을 알았어요
무엇을 버리든 버려야 편하지만

버린 것이 다시 돌아오니
버릴 때도 소중히 버려야 해요
버려진 것이 되돌아올 때
부끄럽지 않게 맞이하거나
바라볼 수 있지 않겠냐고 생각했어요
친구 사이의 우정이 그래요
지금 불편해서 마음속에서 잠시 내려놓는다고 해도
소중하게 이쁘게 내려놓으면
다시 돌아올 때 부끄럽지 않을 거란 생각

연인 사이의 사랑도 그래요
잘 버리면 이쁜 추억이 되고
생각날 때마다 미소 지어지지만
잘 못 버려 버리면 맘속에 큰 상처가 될 테니까
우리가 무엇인가를 버릴 때
버려진 것은 결국 유형으로 무형으로 되돌아오기에
이쁘게 버리자고요
버리는 것이지만 소중하게 버리자고…

절망 또는 희망

얼굴에는 그날의 추억을 그리워하여
옅은 미소가 행복하게 그려질 것이며
두 손은 꼭 쥐면 깨질 것 같은
놓아버리면 날아갈 것 같은
사랑과 행복이 노랑나비처럼 날아와
사뿐히 앉았다 날아갈 수 있게
손바닥은 바닥으로 붉은 피 돌지 않아
혈관마저 보이지 않는 손등을 내어 보리라
지난 시간 고단한 삶의 여정으로
무거운 등짐 내려놓은
적당히 굽은 등으로 인해
머리가 바닥에 닿지 않나니
그저 님의 팔베개인 듯
머리에 술병 하나 고여 놓고
먼 길 떠날 두 발에게
행여 갈길 못 찾아 습관처럼 거닐던 곳으로
가지 마시라 당부 또 당부하고
훌훌 먼지 털 듯 행복과 즐거움 털어서 놔두고
이생의 걱정과 슬픔은 내 주머니에 넣고
내가 가져가리다

이쁜 추억과 기억도 내 가져가리다
내 먼저 간다고 하여
조금이라도 아쉬움 남을
남은 임들이 보기에
행복과 즐거움만 보여지길
나는 '괜찮다'를
백만 번 천만 번도 더 다짐해보며
온 세상 슬픈 노래와 시가
내 이야기처럼 들리는 날에

보자 보자 하니

좋다 좋다 하니 더 좋아 보이는구려
보자 보자 하니 더 보고 싶구려
내 생각이 그대 생각일지라도
그대 맘이 내 맘과 같을지라도
어찌어찌 볼 수 없는 것은 세월이 수상하고 덧없음에
더 바쁜 일이 내 발목을 기어이 잡고 마는구려

더 바쁜 일이 무엇이고 하니 목구멍이 포도청일세
산 입에 거미줄 치련만 산 입에 풀칠이라도 하려니
보고픈 마음이야 그리운 마음이야
할미 무덤가 할미꽃처럼 서러워 고개 숙임일세
그대 못내 그리워
다시 부는 찬 바람에 피던 꽃 꽁꽁 얼어서 떨어지듯
눈물 한 움큼 떨어진다네

검은 옷 입은 사자가 가자 가자 하여도
내 못 간다고 하였네
그리운 임 보고픈 임
못 보면 아니 간다고 했네
그리운 임아

2부

그리움에 관하여

그리움

설산 설야
눈꽃 덮인 산과 들 아래
그리움 묻었지요
하얗게 채색되어 버린 그리움
흰 눈 덮인 빛바랜 초록마저
보고픈 그리움으로 변하더이다
하늘 깊은 곳 구름 속 헤매다 울음 울어
그리움 묻어버린
눈꽃마저도 그리움 꽃 되더이다
온통 하얀 세상
하얀 그리움

보고 싶더이다

그리움은

그리움 이쁘고 아름답고 슬픈 수식어
그리워하다가
그렇게 그리움으로 살다가
어느 날 내게 오신다면
기다린 모습 그대로 달려가 맞이할 텐데

그때 보랏빛 도라지꽃색 꽃
저 홀로 만발할 적에
하늘색 연푸른 하늘 곱디고와서
눈물 한 방울 뚝

하늘 구름 만들어 그리움에 타서
그리운 이 목마름 적셔 비 내리는 날
내게 오신다면
우산도 마다하고 달려 나가 안길 텐데

애착이 애증이 아픈 줄 알지만
행여 혹시 쥐면 부서질까 놓으면 날아갈까
그리움은

보고 싶어

말할 수 있을 것 같은데 할 수 없는 말
보고 싶어
그래서 생각해놓은 말
보고 싶다는 말 대신
오늘 술 한 잔 따라 주시게
아니 두 잔이면 더 좋고
오늘 아니 되면 내일이라도
술병 뚜껑도 따지 않았다네

내 손힘 없어 아니 되나 보네
안주
짭조름 첫 키스 추억 이야기와 새콤달콤 음악
넉넉하게 준비해놓았다네

임아, 술 한 잔 따라 주시게
바쁘다 하옵시면
지나는 길에 술병 뚜껑이라도 열어 주시게

내 맘 열어놓고 술병은 열어 주지 않는다면
그리움에 서러워

술병 가득 술 대신 눈물 받아
퇴주잔 가득 채우려니
그 눈물 술병에 고이기 전에
술병 뚜껑 열어
오늘 술 한 잔 따라주시게

그리움의 해석

누군가를 잊는 것과
누군가에게 잊히는 것
그 잊음과 잊혀짐의 끝자락에서
손 내미는 몸짓
그리움

즐거웠던 추억
산산조각나버린
기억과 추억
보고 싶음 백만 개가
손 내미는 그리움…

그리움에 대한 보고서 · 1

그리움이 가득 차면
어느 곳에 어디서든
그리움의 눈물이 난다오
주책없이

먼 하늘을 바라봐도
고개 숙여 땅바닥을 바라봐도
자꾸자꾸 생각납니다
그리워서
보고 싶어서

그리움에 대한 보고서 · 2

임 계신 마을 가는 버스야
네 이름이 '그립다'란다

이쁜 꽃아
네 이름도 '그립다'란다

하늘하늘 하늘아
네 이름도 '그립다'라는 구나

불러보는 모든 것
물론 네 이름도 '그립다'구나

온통 세상이 그리움으로 보여
'그립다 그립다'라고 불러봅니다
보고 싶기에

그리움에 대한 보고서 · 3

배고프면 밥을 먹는데
그리우면 그리움을 먹는답니다
밥 많이 먹으면 배고픔이 사라지는데
그리움은 밥하고는 다른지
먹을수록 그리울수록 더 많이 보고파집니다

배가 고플 것을 생각해서
밥을 미리 많이 먹을 수 없듯이
그리울 것을 생각해서
그리움을 미리 먹지는 않지만

언제부터인가 그리움을 항상 먹고 있습니다

ps
언제부터냐고 라고 물으시면
이렇게 대답하렵니다
그때부터라고

그냥 친구 좋은 친구

만나면 좋은 친구
안 만나면 그냥 친구
하지만 정말 중요한 것이 있다면
지금 함께 있는 그대가 으뜸이라오

새치가 있다한들 뭣이 그리 대수겠소
지금 함께 운우지정인 것을
준비 못한들
무엇이 그리 걱정이겠소

지금 함께 준비하여 가면 될 것을
하늘의 밝은 달이 창가로 떨어지고
복층 천장 힘들게 매달려
밤새 별인 양 빛나 잠 못 이루어도
그대 함께 있나니
행복하고 또 행복한 것을

온몸이 몸살을 하듯 아프다고 하지만
기분이 좋은 아픔이요 기쁨이고 행복인 것을

우리 사랑이 영원할 것이라는
어설픈 약속보다 백만 가지나 되는
서로 아끼고 위하고 배려하는 인연과 엮임이 있어
헤어질 수 없음에 감사와 또 고마움이 있나니
아프다고 하지 마소
새치 있나 찾아달라 걱정하지 마소

기다림에 관하여

기다림이 행복하다 싶으면
기다리면 됩니다
기다림이 불행하다 싶으면
기다리지 않으면 됩니다
만남이 행복하다 싶으면 만나야 하고
불행하다 싶으면 만나지 않는 겁니다
행복하다는 것은
누군가를 기다리거나 만날 때
기쁘고 감사하고 고마울 때입니다
기다려지는 그 사람이 내겐 좋은 사람이고
좋은 사람끼리 좋아하면서
마음껏 웃고 함께 있을 때입니다
그렇게 살고 있습니다

잊혀진 그리움

누군가를 그리워한다는 것은
추억이 아프거나 이쁘거나
그리고 사랑한다거나

누군가를 그리워한다는 것은
누군가에게 잊혀지고 있거나
잊혀진
그래서 다시 추억 만들고 싶은 것

누군가를 그리워한다는 것은
누군가에게 버려지고 싶지 않은 사랑 이야기
그래서 보고 싶은 것

누군가를 그리워한다는 것은
아팠을 상처 아픈 상처 아플 상처
그래서

끝에서 처음을

언제부터였소
언제부터냐고 물으시면
이렇게 대답하리다
처음부터라고
나의 처음은
나의 끝에서 시작되었다고

지나가는 바람
그리고 태양과 달과 별의 빛 모아
내 끝에 서게 하고
나의 처음에 함께하여
증인이 되고
증언되어 태어났노라고

꽃이 사랑이
끝과 처음의 시간 속에서
태어나고 소멸하고 남은 것은
그댈 향한 그리움뿐이라오
하여 새봄 다시 끝에 서서 처음을 맞이하오
꽃을 사랑을

3부

사랑[愛]과 정(情)에 관하여

부정(父情)

아비는 쉬는 법을 몰랐나 보다
쉼 없이 일했다

지친 몸 농주 석 잔 술 취했어도
해장이 일이다

자식들 키워내고
늙은 몸뚱이 지쳐 쓰러졌다

천천히 가도 될 길
짐이 될까 봐 서둘러 가셨다

어떤 모정(母情)

어미는 큰 산 넘어
나물을 뜯어 자식 키워냈다

나물이 큰 산보다
높고 컸지만 무겁지 않았다

자식들 어른 되니
병이 들어서 자리보전했다

병든 몸 짐이 될까
곡기 끊고는 먼 길 앞서갔다

사랑, 그 안타까움에 대하여

죽음과 바꿔도
아깝지 않은 것 하나
사랑!

사랑이 안타까운 것은
죽음과도 바꿀 수 있는
유일한 존재이기 때문이라오

외로움을 웃게 하는 두 가지 방법

들개가
외롭다고
달빛조차도
외롭다고 하오
(1) 들개만 외롭겠소 (2) 달빛도 외롭구먼

혼자가
외로운 것
함께 인 것은
외로울 일 없소
혼자서 가는 길은 누구나 외롭다오

외롭다
설워 말고
함께 모여서
살아야 한다오
세상사 홀로 가는 것 외롭다고 하지 마소

너

그리워서 그리워하고
보고 싶어서 보고파 하고
너란 나에게 그리움이로구나
보고픔이로구나
내 숨결이 너였구나
내 숨결과 함께 놓을 이가
너였구나

사랑에 관한 보고서
- 무심

(줍는 순간 마음 아플 것을
알면서도 빠져드는 것이랍니다)

음…, 생각이란 걸 해봤소
정말 오랜만에 해 본 생각이외다
이모티콘에 대해서
하트 이모티콘
흘리거나 버리거나 마구 뿌리는 거
그런 것에 대하여
그거 거시기
흘리지 마시구려

아름다운 아픈 것이기에
무심하다
무심하지를 행한다 한들
유심하게 되는 것

그래서 늘 항상 함께하는
아름답고 슬픈 수식어
그리움이외다

저울질 · 1

- 행복

행복을 저울질 마세요
그 무게가 가벼워 날아갈까 두렵고
너무 무거워 가라앉을까 걱정이니
하찮은 저울질에 날아갈세라
가라앉을세라 노심초사 말고
그냥그냥 곁에 있는 만큼만
행복하기로 해요

저울질 · 2

- 사랑

사랑을 저울질 말아요
가볍다고 업신여겨 내팽개쳐지고
너무 무겁다고 힘들어 도망가지 말고
하찮은 저울질에 버림받고 버려지는
서글픈 사랑하지 말고
그냥그냥 챙겨주고 받는
이쁜 사랑을 해요

저울질 · 3

- 사랑과 행복

사랑과 행복은 함께하는 것
사랑 따로 행복 따로 아닌
함께일 때 존재하는 것

사랑의 무게만큼 행복이고
행복의 무게만큼 사랑인 것을
저울질하여 사랑과 행복을 나누지 말자고요

하찮은 저울질에
사랑이 행복이 힘들어 서로 남이 될 테니
우리니까 우리기에 저울질 말아요

시작

나의 처음은 내 끝에서 시작되었고
봄의 처음은 겨울 끝에서 시작되었다

별과 달의 빛을 모으고
해와 바람의 기운으로 처음을 키워

나는 그리움을 만들었고
봄은 꽃을 피워냈다

콜센터

- 고백

오늘의 일기
제목 : 사랑합니다

음성으로 하시려면 1번 버튼을
숫자로 싸워보시려면 2번 버튼을
누르고 # 버튼을 누르세요

틀렸습니다
확인하시고 처음부터 다시 누르세요
젠장
염병
바쁜데 자꾸 다시 다시
오기로 다시 눌러 봅니다

1번과 2번을 번갈아 누르다 보니
끝도 없고 한도 없이 누르고 또 누르고

뭐라 하는지 끝까지 들어나 보자
사람하고 통화하려면 5번을 누르란다

5번을 누르니
사랑 고백을 받았다.
사랑합니다…, 고객님
콜센터입니다, 무엇을 도와 드릴까요

힘들다
힘든 사랑 고백을 받은 일과였다

4부

사계(四季), 그 시간에 관하여

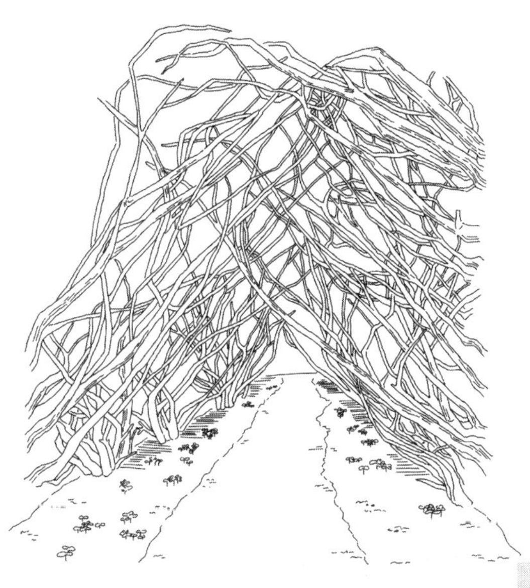

비요일

아, 증말!
봄비가 가을비 같아
꽃잎 떨어지는 것이 낙엽 지는 것 같아

춥거들랑 내가
어, 어 그런데
봄비 지나고 나면 따뜻해질 거야

하지만 나는 가을 되고야 말 것 같은
몸이 추운지 마음이 추운지
최백호 가수가 '가을엔 떠나지 말라고
차라리 하얀 겨울에 떠나요'라고 노래했는데

'차라리 차라리 그대의 흰 손으로
나를 잠들게 하라'고
조용필이 가수도 노래하고

봄 비요일
걱정하지 않아도 될 헤어짐이
가을비 같아 걱정할 일은

이미 봄 비요일에 비 맞고
땅속 어디쯤에선가 자라고 있을 텐데
그래서 차라리가 낫겠지
봄비 오는 우요일엔

4월에

안녕
햇살이 좋아요
나를 휘감아 돌아 길게 그림자 하나

시인 엘리엇은 「황무지」에서
'사월은 가장 잔인한 달'이라 했구려
동토의 땅에서
긴 잠에 깨어 메마른 대지로
싹을 틔워야 하는 고단함과
전쟁의 폐해로, 깨어있는 자들의 순교로
4월을 가장 잔인한 달로 정하였건만

우리네도 어느 순간
4월은 잔인한 달로 공감하게 만들었구려
아직도 익숙지 않은 연말정산의 후유증
종합소득세, 유무형 세금의 압박
찬란한 5월의 햇살 아래
묻어줘야 할 물질적 정신적 육체적 고단함
있는 듯 없는 듯

늘 함께한 그림자만이
유일한 나의 동료인 듯
오늘 내게도 가장 잔인한 4월의
햇살 아래 길게 늘어선 나의 동지
내 그림자가 내 어깨를 다독이는구려

살다 보니
꽃보다 멋지고 아름다운 임들을 만났네요
임들 동지님들
그림자 되어 있는 듯 없는 듯
함께 하고 싶은 나의 동지님들

꿈이 생기는 잔인한 달
아니 불안하지만, 행복한 달 사월입니다

행복합시다

안동역 유감

안동역 노래 가사 중에서
'안 오는 건지 못 오는 건지'
기다림 끝에서
애가 얼마나 탔으면 노랫말이 저리 고울까
소식이나 전해주지
안 가는 건지 못 가는 건지
약속하다
밉다
그렇게 말했건만
그래도 님이시라
보고 싶고 보고 싶은 마음

문자 하나 보내볼까나
〈오늘
아니 못 가는구려 눈이 오는데〉

오늘

오늘은 햇살이 있는 창 쪽에 앉았는데
좀 덥다는 생각이
이렇게 여름으로
벚꽃잎이 눈처럼 내리기도 하고
이쁜 아침
고운임 그리웠더니
창가로 쏟아지는 햇살이
님의 손길인 양 따사로움 가득
이렇게 행복으로
무표정하던 검은 아스팔트 대지가
눈 되어 내린 벚꽃잎 화장한
곱디고운 아침
이쁜 아침 고운 아침
임 그리움 가득
행복하다고
행복하자고
임같이 어여쁜 오늘

무소식

눈으로 보지 않았으니 헛것이려니
귀로 들었다 한들 지나가는 새소리려니
본다 한들 달라질 게 뭐 있겠소

죽자 살자 해도 산목숨이
저승 극락보다 낫다 하였소

그저 덤으로 사는 인생이려니
죽자고 사랑만 하다 가려 하니
시기나 증오는
채마밭 잡초 덤에 던져두어
하세월 흘러 썩음
추억이려니 꺼내 보리다

사랑만 하고 사세
가는 임 걸음 편히 가시라
튼튼한 짚신 챙겨주고
오는 임 편히 쉬시라 버선 벗어 드리리다
가셨다 힘드시면 내쳐 다시 오시구려

다시 오실 적 맨손으로 오덜 말고
봄 향기 가득 담아 오시구려
라일락 향기 좋기만 하더이다
무소식이 희소식인 줄 안다고 해야 하나
그래도 그저 소식이나 전해주시구려

뭣하고 지내는지
달빛 곱더이다
이 달 지고 새 달 뜰 때
아카시아꽃이 만발할 텐데
고운 달콤한 향이 내 임 향기련가
그립고 그립더이다
가고 온다 소식이나 전해주구려

반지와 손가락

손가락 의미
그리하여 그 소중함과 사랑이 영원하라고
이렇게 작은 정성을 담아
그 증표로
임의 (?)번째 손가락에 맞춰 드립니다

* 손가락 의미 : 엄지 - 통솔력, 검지 - 우정, 중지 - 성공, 약지 - 사랑, 새끼손가락 - 소원성취

시골엔

뭐가 있을까
뭐가 있기를 바래
봄날 풋풋한 나물 향기
여름날 쏟아지는 은빛 별
가을의 알록달록 고운 들판
겨울엔 따뜻한 구들방 아랫목
아니 아니
조용함만 있으면 되지
그윽한 눈빛
하얀 미소
임과
그리고
속 시끄럽지 않음
그렇게만 있어도
숨 쉬어지거든

사용기간

반백 년도 훨씬 더 살았는데
이제 와서 어떻게 살아야 할지를 고민해봅니다
생각해보니 멀지 않은 날 언젠가는
가야 할 마지막 길에 잘 살았다고
미소 지으며 말할 자신이 없어서 그런 고민도 하게 되나 봅니다

그래도 그날에는 꼭 그런 말을 하고 가고 싶습니다
물론 삶 전체가 못 살았다고 하지는 않겠습니다
종목별로 구분해서 정리하자면 완전히 잘 산 부분도 있습니다
누군가를 그리워하고 사랑한 부분만큼은 백 점 주고 싶습니다

삶이 사랑이 전부였다면
잘 살고 간다고 할 수 있겠지만
또 다른 부분도 있기에 '잘'이라는 접두사를 붙여
살았다고 말하기가 조금 민망한 면도 있습니다
물론 사랑이 인생의 전부일 것이라는 것에 대하여는 반론하지 않습니다

인과응보론적으로
원인과 결과에는 반드시 그에 합당한 이유가 있기에
무엇이든 '사랑 때문에'라는 이유를 붙여도 될 것 같습니다
오늘도 사랑 때문에 이렇게 끄적이나 봅니다

그렇게 모든 원인과 결과를 사랑 때문이라 정해놓고 보니
사랑의 생명이 궁금해졌습니다
그래서 사랑이라고 연관어를 검색해보면
꽃이라는 단어가 떠오르기에 꽃의 생명을 정리해보았습니다

꽃!
꽃의 사용기간은 꽃잎 떨어질 때까지
유효기간은 꽃이 피어있을 때까지
유통기한은 꽃잎 지기 전까지이실 겁니다

그렇다면 사랑은…
사랑, 사용기간은 둘이 서로 밉지 않을 때까지
유효기간은 사랑한다고 말해 주는 날까지
유통기한은 둘만 있고 싶어 할 때까지라고 해도 될지 모르겠습니다

그래서 상품도 정리해보았습니다*

상품의 사용기간은 상하거나 망가지지 않을 때까지

유효기간은 효력이나 효과를 정상적으로 사용할 수 있을 때까지

유통기한은 시중에 유통될 수 있는 기한이라 합니다

하여 끝으로 내가 참 잘살았다고 말하기 전에 나에 대해서도 정리해 봅니다

나의 사용기한 내 뜻대로 일할 수 있는 날까지

유효기간은 경제적 수입이 있는 날까지

유통기한은 요양원 가기 전까지이지요

적어도 사용기한까지 잘 사용하고

유효기간까지 무위도식하지 말며

유통기한까지 거짓 없이 살면 마지막 가는 길에 잘 살고 갑니다

'고맙습니다 안녕히 계세요'라고 할 수 있지 않을까 싶습니다

이제 살아온 날보다 살아갈 살이 짧다는 것을 압니다

그날까지 잘살아 보렵니다

진짜 사랑하면서 말입니다

* 네이버 지식인, 어학사전, 통합검색 참조

꽃향기

그 꽃잎에 입맞춤하면
님인 듯
들풀 깎아 놓은 너른 들판
들풀 향 님의 향

그 꽃잎 손길 닿으면
하늘하늘 퍼지는 허브향
상큼한 님의 향

그 꽃잎에 마음 얹어 놓으면
해초 향 님의 향기인 듯
바다 내음 해초가 가득

그 꽃잎
님이신 듯 님의 향기
들풀 향
허브 내음 바다 내음 가득

시계초

메마른 모래밭
삶의 이파리 하나 묻었더이다
뿌리 내려 살아보자 하나
타는 듯 목마름 힘들다 힘들다 하여도
모질지 못해 마른 줄기
잎새 못 떨구고 버티어 보는구려
그래도 그대 무심한 손길
물 뿌려 주심에 살겠더이다

여린 잎 자라 꽃피우고
그 꽃이 그대인 듯하여이다
꽃이 그대를 닮아 곱고 이쁘더이다
꽃인데 시계처럼 시간을 먹더이다

코룰리아 시계초

그대 다시 만날 시간
꽃시계 시계초에 적어 놓아
잊지 말라 피었더이다
한참을 보고 또 보고
꽃이 그대인 듯 그대가 꽃인 듯
저번에 피워준 꽃이
만날 시간 사라져 시들었건만
그대 다시 만날 수 있을까 싶은지
오늘 다시 피었더이다

추운 날도 그립다

춥죠
나도 추워요
그대가 추우시면
나는 뜨거운 태양 아래
화씨 100°F에서도 추울 거외다
왜냐하면 그대가 그립기 때문이외다

살아보니
인생은 기다림이고 그리움이더이다
추운 날엔 따뜻한 날을
더운 날엔 시원한 날을
기다리고 그리워하고

나는 기다리고
그리워하더이다

돌탑

쌓아 올려진 간절한 소망이
지나가는 바람에 무너질 때
함께 무너진 소망
울음소리에 눈물 나왔소
울일인지 울 일 아닌지
무너진 돌탑도 모를 일인데

내겐 울 일이었구려
소망이 무너졌기에

까만 밤

잡지 않아도 시간은 잘만 가더이다
외로움도 그리움도 잡지 않을 테니
잘만 가면 좋을 텐데
시간이 지나간 자리엔
여명과 함께 또다시 남겨진
그리움에 젖은 외로운 그림자

그대가 보고 싶어
까만 밤 하얗게 채색하는
외로운 그림자 하나

5부

인생에 관하여

습관

습관은 언제부터 왜 생겼을까
잠 못 이루는 불면
습관 되어버린 불면의 날
그리움마저 잠 못 이룰 때
그리운 임
어머니, 아버님
내 옆자리에 자리 내어 드려
머리 쓰다듬어 주시면 잠들 수 있으려나

밤하늘 별도 이쁘다
달도 밝다
아무리 어두운 밤도 별 있고
달 있어 홀로 아니건만
습관처럼 잠 못 이루고
그래도 이 밤 오늘 밤은
임 토닥거림에 한숨 잠이라도 챙겨봅니다

편

내 편이 되었든 네 편이 되었든
편이 있다는 것은 생각이나 말이란 문제 때문에
말하기 싫을 때 말을 하지 않아도
말하고 싶을 때 말을 많이 해도
서로가 서로에게 힘이 된다는 것
편 하나 없다 한들 못살아질 리 없겠냐만
그래도 편 하나 있다 하니
말을 해도 말을 안 해도
힘이 생기는 것

내 편이신 그대 임께 편이 되어 드립니다
그래서 우린 한편입니다

지천명[1)]

- 우정명(友情命)

공짜 싫은 사람 있겠소만
기다리면 무조건 공짜로 생기는 게 있죠
아무것도 안 해도
아무 일도 없다는 듯이
불현듯 훅하고 함께하는 공짜
누구나 똑같이
평등하게 생기는 공짜

어릴 적엔 많이 생기길 간절히 소원하고
어느 순간에는 그만 생겨도 될 것 같은
그러다가 늙어가며
이젠 안 생겼으면 아니 이미 생긴 것도 없어졌으면
눈치채셨구려
정답은 나이인가 보구려

이제
하늘의 뜻도 알 수 있다 하고(물론 난 모르는 바요)
하늘이 부르면 조용히 따라나서야 하는
지천명 - 50 중반도 넘어가다 못해 내려가는구려

1) 지천명(知天命)【명사】【~하다 → 자동사】① 하늘의 뜻을 앎.② 쉰 살을 달리 이르는 말.

『논어(論語)』〈위정편(爲政篇)〉중 지천명(知天命)
하여 우정명이라 부제를 적어보고
소인배 한 글 끄적여 보는 중이니
친구님네들 이 소인배를
무식 타 탓하시고 혜량(惠諒)하여 주시구려

이제 우정명으로
친구의 속마음 하나쯤은 알아주는 것은 어떠한지
요즘 드라마 신과의 약속 중에 나오던데
큰 잘못 하나쯤은 용서해 주는 것은 어떤지
대답이 어렵다고 하옵시면

굳이 하지 마시구려
마음으로 행하는 것으로 하리다.

ps
어제는 우아하게 살고 싶다 했소
오늘은 생각 없이 살고 싶은 하루요
임들
미소를 지을 일 많은 하루 되시구려

낙서

힘들 때 상상만으로 의지가 된다는 것은
기분 좋아지는 일이야
그래서 오늘도 상상해, 널
내 곁에 있다는 것 하나만으로도 힘이 나거든
그냥 있기만 해도 그래
사는 것이 별거 없다고 생각해
그런데 너만 생각하면 사는 것이 별거 없지 않아
특별해, 사랑이 있거든
너는 행복의 비례야
행복의 크기는 사랑의 비례
불행의 크기는 미움의 비례
행복과 불행은 반비례

그래서 네가 내 곁에 크게 존재할수록
행복도 커지고 사랑도 커지는 건가 봐
몸이 일할 수 있게 해주는 것은 밥
마음이 일할 수 있게 해주는 것은 사랑

숨

들고나는 숨
내뱉지 못하면 황천길이라
서산대사 시비의 글입니다

아, 숨이 삶의 씨앗인 것 같습니다
하루에 한 번이라도 만날 수 없으면
통화를 하고 싶은 이유가
아픈 건 아닌지
할 말이 있는 건 아닌지
숨이 듣고 싶어서인가 봅니다

만남

감사할 일이 많다는 것은
그만큼 행복한 겁니다
화날 일이 많다는 것은
그만큼 불행한 겁니다
누군가를 만나서 감사한 마음이 생긴다면
그 누군가는 행복을 가져다주는 사람입니다
그러나 화가 난다면
그는 분명 불행을 가져다줄 겁니다
만남이 화가 나는 만남보다
감사함이 생기는 만남이 행복하게 합니다
만남이 만날 때 헤어짐을 염려하는 것이 아니라
감사하고 고마움으로 있어야 합니다

분명한 것은
만남은 행복이어야 합니다

아픔이 있는 것

누군가를
그리워한다는 것은
사랑받고 싶은
보고 싶은
함께 하고 싶은
그래서
아픔이 있는 것

이런

이런 이러다가 진달래 다 지겠소
소월 시인께서, '나보기가 역겨워 가실 때
말없이 고이 보내드리오리다'라고
'진달래꽃 사뿐히 즈려밟고 가시옵소서'라고 했건만
즈려밟고 가실 진달래꽃 모두 지겠소

화주 한 잔에
마음속 깊이 간직한 사랑하는
아니 사랑했던 임 꺼내어 보고
애달픈 그리움 전해보려 하였건만

뭣이 그리 바쁘신 게요
아니 바쁘다 하시는데
유독 내게만 바쁘시다니

그렇게 나를 홀로 세우려 하시니
아 서럽구려
내 술 멀리한다고 하여도

임아, 임 멀리한 적 없구려
진달래 모두 다 지기 전에
화주(花酒)도 님도 그립구려 보고 싶구려

안주는 내 전에 말했듯이
곱창만 아니라면 무엇이든 마다하겠소
진달래 화주 한 잔에 대취하여
못 이룬 사랑에 관하여
설은 넋두리라도 하면 좋으련만
에혀 만날 수 없으니 만나기도 전에
이러다가 진달래 다 지겠소

그런데

- 나태주 님의 「풀꽃」 시를 마주하고

풀꽃

나태주

자세히 보아야
예쁘다
오래 보아야
사랑스럽다
너도 그렇다

- 『너도 그렇다』 (2009, 종려나무) 중에서

그런데
언뜻 스치듯 봐도
이쁜 것은
사랑스러운 것은
너여서 그런 것 같다
풀꽃 같아서

그냥 그대로

꽃잎이 떨어진다
그래서 다시 붙여 꽃이 될 수 있을까
마른 꽃, 만들어 꽃이 된다 한들
이미 추억이 돼버린 과거
꽃잎! 이유 있는 떨어짐에 대하여
다시 꽃이 되기를 소망하는 것은
꽃에게 더 큰 슬픔을 주는 것
그냥 그대로 두자
꽃이 더 슬퍼하지 않게

아프다, 이유가 있든 없든 아픔에 대하여
아프면 아픈 대로 그냥 그대로
아픔도 아름다운 흔적이다
그런 아픔도 있어야
더 큰 아픔이 와도 적응하는 것
아픔을 주는 이도 아플 것이다
아니 아프지 않다고 해도 소중한 기억이기에
그러기에 그 아픔마저 소중하기에
잊으려 하거나 버리려 하지 말고 그냥 그대로

자랑

세상 모든 꽃
곱고 이쁘다 하지만 그대 같겠소

꽃이 이쁘게 보이는 것은
그대와 견줘보려 이뻐 보이나 보구려
하지만 그대가 젤로 이쁘오
세상 모든 사람 모두 행복하다 하오

하지만 이내 사람만큼 행복하겠소
그댈 만나 행복이 차고 넘쳐
나눠줘도 남을 만큼 행복하구려

세상 제일로 이쁘고 곱소

그러니 이내 몸과 맘이
세상 제일로 행복하다 말하지 않을 수 없구려

시각의 왜곡

보여지는
보이는
같을 수가 없지요

보여지는 것이 그대로 보이지 않는 이유는
감정이 섞이고 마음이 섞이면
이쁘고 아름답게 보이고 싶다 한들
보는 시각에 미운 감정이 섞이면 밉겠지요

이름이 없는 들풀일지언정
이쁜 마음이 섞이면
얼마나 곱고 이쁘겠어요

시각을 마음이 왜곡시킬 수 있음이요

별

지구에서 가장 가까운 별은, 네이버에 물어봤어요
센타우루스자리 '프록시마'란 별이래요
4.24광년이나 멀리 있다고 해요

나에게서 가장 가까운 별은, 네이버에 물어봤어요
태양계 있는 태양이라는 별이래요
눈에 보이니 가깝긴 해요
하지만 나에게서 가장 멀리 있는 별은
프록시마도 아니고
가장 가까이 있는 별은
태양도 아니랍니다
정답은 아버지랍니다
유언조차 남기지 못하신 채
의식조차 없이 1년여를 눈감고 계시다
작고하신 당신이시랍니다

초롱초롱 별 같은 눈망울 반짝이며
귀 기울여 들을 수 있게
삶을 가르쳐주신 당신이시랍니다
내게서 가장 가깝고도 가장 먼 곳에 있는 별은

소리

꿈결
맘이 바빠지는 것이
어서 오라는 천사의 나팔 소리더냐

에라 몸이 바빠지는 것이
어서 일어나라는 기상나팔 소리구먼

이런 정신 차려보니
꿈결 아닌 내 머릿속 이명이로구나

에혀, 차라리 정신 차리지 말 것을
꿈결 나팔 소리가 이명보다 좋은 소리인 것을

첨언
제발 너는 반전을 배우긴 배운 겨
꿈결과 현실 마음과 몸 나팔 소리가 아닌 이명
반전을 노려봤으나 반전은커녕
이명 소리만 더 커시는 사월 첫날 첫새벽
2% 부족함이 여지없이 드러나는
제발의 십 원짜리만도 못한 넋두리입니다

자화상

내가 누구였을까
내가 누가 될까

HDT01410
chollian…… net…
접속ID jj3
pw 7775

내가 살았던 곳에는
'좋을시고' '씩씩이' '선수끼리'가 존재했고

파워 오브 인터넷
월드와이드웹을 부르짖던 세월 속에선
여전히 '선수끼리' '선수끼리 왜 그러세요'
'선수'가 공존했고

내가 살고 있는 곳
윈도 7과 윈도 10이 온라인을 지배하던 시절엔
'제발'이 있네요

제발! 제발 제발!
모든 곳 모든 것 모든 일에
제발 제발 제발!
그렇게 살아 숨 쉬는 제발입니다
좋을시고, 싹씩이, 선수끼리 왜그러세요, 선수는
대화명(닉네임)입니다
대화명처럼 살고 싶고 살았습니다

2023 지금은 솔닭

난 단것이 좋아

매일 마시는 단 음료, 한 잔 이상이면 벌어지는 일
하루 한 잔 이상 꾸준히 마신다면 질병 위험이 커질 수 있고
단 음료를 많이 마실수록 사망 위험이 커진다는 뉴스를 보고

단 음료 안 먹고 오래 가늘고 길게 사느냐
단 음료 즐겁게 먹어가며 행복하게 살 만큼 살다 가느냐
사느냐 죽느냐의 문제가 아니다
지금 행복하게 살 것인가
아니면 불확실한 미래 어느 날인가는 행복하게 살아질 것이라는
허무맹랑한 뉴스에 속아 넘어가 단것을 끊어야 할 것인가다.

나는 단것이 좋다
단것 절대 못 끊는다 안 끊는다
쓴 것은 그만 좋아해도 될 나이다
불혹도 지나고 지천명이고

이순을 바라보는 나이에 무엇을 더 바랄 것인가 싶다

살아갈 날이 살아올 날보다 짧다는 것은
가진 것도 버려야 하며 나눠줘야 하는 것이란 뜻이다
살아서 나눠주면 받는 사람도 고맙고 기쁘겠지만
죽어서 나눠준다면 받는 사람 관점에서
조금은 찝찝할 것을 말은 안 해도 뻔한 이치인 것이다
오늘도 갖지 말고 나눠주고 버리자는 생각으로 하루를 산다

있으면 있는 것 가지고
살아남은 혈육끼리 의리 상하고 맘 상하는 것이 대부분이지만
없으면 없는 대로 더 뭉쳐서 열심히 살자 하는
살아남은 혈육끼리의 의리가 더 확고히 돈독해지는 모습이
대부분인 요즘 세상이다

그러하니 뭣인가 남겨서
살아남은 자들끼리 의가 상하는 쌈박질의 불씨를 남기지 말고
고놈으로 달달한 거 한 잔 더 하고 행복해지는 게 장땡이라 생각한다

이제 생각건대
남겨줄 것도 없고 남겨질 것도 없다
미련도 없고 후회는 조금 있을 거다

내 입에 혀처럼 내 맘에 쏙 들어
행복하게 해주는 단것이나 조금 더 먹고 살다 가련다

그래도 낙서처럼 쓴 글들 모아 한 권의 책을 발행하고 싶다
발행 부수는 딱 2부로 정하고 싶다

1부는 내 가는 길 외롭지 않게 내 품에 넣고 갈 것이고
나머지 1부는 네 것이다
하여 단것 한 잔으로 축배나 들자꾸나

어른

이때 어른인 줄 알았습니다
군복 입고 상봉동 터미널에서 담배를 피울 때
아니었습니다

배우자를 만나 결혼식 올릴 때
자식을 낳아 부모가 되었을 때도
아니었습니다

자식이 성장해서 혼사를 치르고
새 식구를 들여보니
어른이 된 것 같습니다

지켜봐 주시고
함께해주신 덕분에
오늘 어른이 되었습니다

네가 나인 자화상

새는 철새는 살자고
한 뼘 쉴 여(礖)조차 없는
전쟁터를 건너 다시 퇴근할 길을 가고

가는 길이 서럽다 한들
힘들다 한들 사는 거라고
숙명처럼 운명처럼 가다 못 가면 말지

삶은 반사반취라
살거나 죽거나 버리거나 갖거나

삶은
출근하고 퇴근과 동시에 출근하고
쉼표, 없는 도돌이표 'D.S.'라
철새 네가 나일세

* 여(礖) : 바닷속 암초, 썰물에 보이고 밀물에 잠김
* 반사반취(半捨半取, 반반 버릴사 반반 취할취) : 반은 버리고 반은 취한다

그리워

병명이 그리움이었다오
양극성 정동장애 아닌

그리움 태워 뒷산에 뿌리올 제
아픔도 함께 뿌렸건만

재 되어 남은 한 줌 보고 싶음이
눈물 세 방울이어라

어디서 살고 있겠지
잘살고 있겠지 그리운 이여

빚

빚 다 갚고 왔더냐
빚 모두 받고 왔더냐
네 빚 정리하려면 아직 강을 넘지 말지인데
요단강, 황천 건너 신화에서처럼
레테의 강을 지나 에리다누스 강 건너왔더냐

아니옵나이다
아직 빚 정리 못했더이다
주마등처럼 삶이 지나갔다
눈물이 강을 만들었다

가슴이 아프고 아렸다
서너 번의 전기 충격 때문에 아니 아니다
못 갚은 빚이 아프게 했다

조금 많이 사랑해야 할 빚
조금 더 웃어야 할 빚
조금만 더 함께해야 할 빚
그 빚 갚고 강 건너야 할 텐데

숨이 트이고
왼쪽 흉통이 지나가고
눈물과 탄식과 원망과 기쁨이
살았음이 애증이고 행복이요

어머니

굴양골, 굴밭 굴은 그대로일 텐데
굴양골 엄마 안부 전해달라시는 어머니
유리문 넘어 고대 방앗간에 남겨두었던 두 아들
머리가 희끗희끗해도 단박에 알아보시는 어머니
사라지는 기억 잡아드리려 누구냐는 물음에
모두 다 아신다고 대답하신 어머니
기억은 가난해지셨건만 자식 사랑은 부자이셔서
난 괜찮다 아무렇지 않다는 어머니

내 걱정 말라시는 당신께
걱정 끼쳐드리는 자식이 죄인이랍니다
무엇을 해드린들 어머니
안심되실지 눈물만 앞섭니다
어머니 당신이 계셔서
어머니 자식이어서 행복한 겁니다
당신의 기억은 멀어져도
가까워지는 당신 사랑에 감사드립니다
어머니가 보고 싶은 밤입니다

병상에서

건너편 환자로부터 밤새 고통 소리가 들렸다
누굴 그렇게 찾는 것일까
통증으로부터 이겨내고픈 앓는 소리와 함께
알 수 없는 웅얼거림의 주인공 누구일까
새벽 여명과 함께 잦아든 삶의 아픈 조각들
나 또한 그랬을 터
고통스러운 신음과 찾음들

찾았을까 찾아 놓았기에
그리하여 편해졌을까
아니면 망각의 진통제 날부핀의 힘
병상의 아침은 통증이었다

퇴원

통증과 고통
앰뷸런스의 사이렌 소리
'눈떠보세요'라는 구급대원 외침
그리고 온통 하얀 꽃밭

눈을 떠보니
의료기계음 소리
혈압 체크 소리
양손에 연결된 생명줄과 함께였다

얼마나 애타게 기다렸을까
칠월칠석 견우직녀 만남
로미오와 줄리엣의 만남 기다림처럼
아니 그보다 더 기다렸을 퇴원

심장 속에는
훈장처럼 살아있음의 영광스러움
스텐트 셋을 거느리고
함께 잘 살자 다짐하며 퇴원한다

삶

삶
의미가 아닌 무의미
무의미가 아닌 의미

의미와 무의미와 함께하는
밤에 눈물을 헤아려 봅니다

살았음이 무엇인지
죽었음이 무엇인지

삶
소중함이 의미인들 무의미인들
뭣이 대수이겠습니까?

이렇게 미소로 그대를 보고 있는데
그대, 님의 미소가 전부요 삶인 것을
그대 하얀 미소가 전부인 것을요
내 사랑의 삶의

오디

그 달콤함이
양손 그리고 입가에
검은 보랏빛으로 물들고

뜨거워져만 가는 초여름
기억 저편엔 뽕나무 열매와 함께였던
달콤함이 물들어있다
검붉은 보랏빛 달콤한 멍이
입술과 입안을 채색할 때
가슴 한켠에서도 시린 사랑이 자리했을 터
이순을 바라보며 다시 만난 너는
사랑의 달콤한 상처는
검은 보랏빛 생채기임을 깨닫게 해주었고
너는 들판 어디쯤 있을
그리움이고 추억이었고
나는 달콤한 생채기를 알아버린
지천명을 넘어가는 이순 앞이었다

무지(無知)

걷고 또 걷는다오
살기 위함이건만 걷는 시간조차도
죽음으로 가는 시간인 것을

어찌하오리까
오욕칠정을 가진 사람이거늘
그 많은 욕심을

끝이 있건만
끝없는 것처럼 사는 무지여
인간이여

그리움의 끝

세상이 끝난 듯하더이다
사실은 항상 시작이었을 겁니다
그래서 그런지 그리움의 끝이 당신이었듯이
그리움의 시작도 당신이었답니다
또다시 시작하는 그리움에서
당신을 발견하고는 끝인 줄 알았던 당신이
사실은 새로운 시작임을 눈치챘습니다
결국 끝은 시작의 알림인 것을
그리움의 끝은 새로운 시작이었던 것이었습니다

새가

새가 우네
새가

아니고 따라 해봐
새가 노래하네

아,
새가 노래하네

새는 우는 게 아니고
노래하고 있는 거였네

제발

제발
제발 제발
신세는 져도 되나
빚은 지지 않는 삶이게 하소서

갚을 빚도
받을 빚도
없는 삶이게 하소서

흔적

집이 생겼어요
물집이
발가락에

방이 생겼어요
그리움 방이
가슴속에

걷고 또 생각하니
흔적 하나
물집 하나
그리움 하나

금주

음주할 때는
혹시나 해서 역시나 하고 술에 취해서
반취 상태가 아름답게 느껴졌는데
달도 이쁘고 길도 이쁘고
나무도 이쁘고 신호등도 이쁘고
별이야 있든 없든
내가 별을 보지 못했는데
이쁜지 안 이쁜지
이쁘다 한들 안 이쁘다 한들

금주하여 보니
혹시나 했더니 역시나 무의미가 의미일세그려
별이 빛나던 빛이 나지 않던
별은 원래 있던 자리에서
제힘으로 제빛 보내는구먼
별이 내게로 떨어지겠소
내가 별로 떨어지겠소
그저 하늘을 돌다 유성으로 떨어지는
별똥별의 죽음에 슬픈 눈물을

내 소원이
소원이 그저 가는 길에
소주병 배게 하게
소주 한 병 던져 주시구려
황진이 이빨 던져 달라고 하듯
만리장성 아니 쌓는다 하여도
그저 술에 취하여 편히 쉬게
빈 병 말고
소주 가득 찬 병으로 던져 주시구려

절망

절망은
길을 알려주지 않아도
쉽고 편안하게
잘도 찾아온다
알지도 못하게
눈치도 못 채게
한 자리 차지하고 앉아
포기하라
그만두라
재촉한다

먼 길

먼 길 나서려 하니
눈에 밟히는 그림자 하나 어찌할꼬
그저 가슴속에
마음속에 담아갈 뿐

먼 곳 그곳에도 별은 있으려니
별과 눈 맞춤하며 임이시려니
마음속에서 곱게 꺼내어
안부 전할까 하오

가도 걱정이건만 걱정 말라 하신 임이
늘 항상 그립고 보고플 겁니다
어찌 무심타 하셨소
무심하지 않으시건만
마음은 임 곁에 내려놓고 갑니다

환골탈태

사람이 사람을 바꾼다고 하나
알고 보니
사랑이 사람을 바꾸는 거였소

품속에 칼 한 자루 품고 사는 삶을
칼 대신 꽃을
사랑을
詩를
품고 살게 한다오

길

우리는 흔히 가는 길이
돌아서 가면 어떠냐고
종착지가 같으면 된 거지요, 라고 해요

가는 길들이 힘들기도 편안하기도
어렵기도 쉽기도 할 테죠
어떤 길이 정답일까요

쉽고 편안한 길이
정답은 아닐 것이라는 생각이 드네요

많은 고민과 번뇌
그리고 판단과 결정 행동으로
내가 가는 길이 후회되는 길도 있을 테고
잘못 들어서 되돌아가는 길도 있겠고
잘 가고 있다고 그리고 잘 왔다고
칭찬해주는 길도 있을 텐데

나를 자유롭게 하는 길이 가는 길이었으면 해요

편지

문자란
문명의 이기
간단함의 시작

SNS 메신저란
문명의 이기
빠름의 시작

편지란
그리움의 시작

정답과 오답 사이

그리하여
내가 가는 길도 오답이다

내가 갈 수 있는 길도
오답이다

정답이
너였기에

그리하여 나는
오답의 무덤에서 춤을 춘다

개가 짖어

20여 년 정든 곳 떠나 이사와 보니
잠이 올 시간에 잠은 아니 오고
개 짖는 소리가 들린다
도둑이 들었나
이 험악한 소리는
매일매일 뉴스에서나 듣던 소리
이사 잘 못 왔다 젠장

하루 이틀 사흘도 아니고
한 달이 넘어간다
달 얼굴이 동그랗게 새파랗게 질려
도둑에게 줘 맞았는지 멍이 지도록

개가 짖는다
뉴스에서도 짖는데 빌어먹을

개에게

20여 년 정든 곳 떠나 이사와 보니
몸은 두었으나 맘 둘 곳이 마땅치 않아
운동이라도 한다고 운동 아닌 산책로 보행 중
첫날은 개가 짖어
둘째 셋째…, 열흘쯤 개가 안 짖어 아는 척해줬다네
하루 이틀 사흘 아는 척 손 흔들어줬지
젠장 나는 손인데 꼬리를 흔들어
반갑다고 낑낑 짖어대니
우리 인간사 너, 개와 다를 바 뭐 있더냐
알아달라고 날 좀 봐달라고
징징대다가 안다고 해주니 등을 돌리고 딴짓거리
사기 치고 공갈빵을 만드는데

하라 해
개처럼 벌어서 정승처럼 산다는데
욕할 일 뭐 있더냐
그렇게 따라 하지 못하는
내가 선비인 줄
선비라니 착각이다
착각도 자유다

불면증아

면증이와의 만남
어쩌자고 인연도 아닌데
인연되어 만나서 껌딱지처럼
내 두 눈에 쏘옥 들어와 한 자리 차지하고
같이 놀자 하니 에고 밉다 미워
면증이 네가 밉디미워
너랑 밤새워 놀아주고 나면
온몸이 안 아픈 데가 없고
정신은 나 싫다고 내게서 가출해 버리고
영혼의 끝자락만
물에 흠뻑 젖은 솜이불처럼 무겁게
내 가슴을 짓누르고 있으니
동창이 밝아도
일어나지질 않으니 어쩌란 말이오

그런 만남의 기쁨을 아는 사람만 안다는
면증이와의 친구 하는 사람들만 아는
만남의 희열
밉고도 고운 면증아
그중에 그대를 만나

헤어질 수도 없고
헤어져야 하는데
어떤 CF에서처럼
가! 가란 말이다

하지만 고운임 그대 생각할 땐
면증이 네가 내 곁에 있어 좋다요
고운임을 밤새 생각할 수 있으니
그런데 고운 임이 꿈에서 보잔다 하네요
먼저 잔다고 하며 꿈으로 오란다고
그러니 면증아 너도 가

자작자작

자작자작 자작나무 태우는 밤
자작 木 그도 한겨울엔 땔감이라
아궁이 한켠 자리를 잡아 자작자작
술 한 잔 하렸다 하여 자작酒라
스리 슬쩍 목 넘어간 25도 빨간 뚜껑 주가
뱃속에서 자작거릴 때 술 취하여
자작 詩 끄적이려니 하얀 뻴인 듯
흰 눈 덮인 들녘 지나 푸욱푸욱 거리며
자작자작 오시던 님
이런 눈 다 녹았다 내년에나 오자
저승생사록에 내년에 다시라고 붓질하였다
자작나무 자작자작 타는 밤
자작 술에 自作詩에 올겨울도 살어리랏다
테스 형을 외치는 어느 가수의 목멤에
그래도 살아보련다고
셋방 보일러는 춥다고 밤새 울어 젖히는데
밤새 물 흘러가는 소리
젠장 내 가슴에 눈물 흘러가는 소리다
자작시에 自作酒로 취해야 잠들는지

발톱

누군가의 발톱을 깎아드린다면

배우자 발톱이라면 부부 금실이 좋구려
부모님 발톱이라면 효자 효녀일세
자식 발톱이라면 참부모의 표상이구려

발톱을 깎아줘도 금실이 좋은 부부도 아니 되고
효자도 아니 되고 참부모도 아니 되었소

그게 말이요
이런이런 부끄러움이 하늘을 덮는 하루였소

울 집 서열 1위 개 밍구 발톱 깎아주며
남모를 부끄러움에
참담하고 참혹한 죄송함이 온몸을 휘감아 묶어버렸소

배우자 발톱에 살아계신 모친 발톱에
죄인 된 기분이었소

아닌 것 같아서

그립다 그립다 해서 더 그리운 줄 알았는데
아닌 것 같아서
생각만으로 그리운 것이 아니고
그리운 것은 그냥 그리운 것이었어
보고 싶다 보고 싶다 해서
더 보고 싶은 게 아닌 것 같아서

보고 싶은 거는 이유가 없어

캐럿 기호

^^

단순한 캐럿 기호이지만
내게는
행복 백배로 가는
표시입니다

ㅠㅠ

슬퍼서 울어야만 할 것 같은
표시입니다

소리

세상 어떤 사물이든
저 스스로는 소리를 내지 못하나!
바람이 함께하면 소리가 납니다
바람도 저 스스로는 소리가 없으나
함께하여준다면 소리가 납니다
바람과 숲이 만나면 숲의 소리
바람과 물이 만나면 파도 소리

추억 쌓기

추억은 만들어지는 기억 중에서
영원히 잊고 싶지 않은 행복한 순간입니다
그래서 머리에 간직하는 것이 아니고
가슴속에 저장된다고 합니다

반짝반짝 곱디고운 아름다운 별이
하늘에 있다는 것을
눈에 보이지 않는 날에도 알 수 있듯이
그대는 보고 싶고 그리운 분
언제나 가슴속에 함께 합니다
멀고 먼 훗날 추억이 쌓이고 쌓여
행복 차고 넘쳐흐르고
하늘의 별이 모두 지구로 떨어지는 날에
당신과 두 손 마주 잡고
그대 계셔서 고맙다고 잘 살았다고
그렇게 말한 後라면
하늘에서 다음 생에서
다시 만날 것이라 믿어 약속하며
그간 못 잔 긴 잠이 들 수 있을 겁니다

내 것은

멀리서 봐도
눈 감고 봐도
알겠더이다

내 사랑하는 임
그대 오시는 길목과
임이 계시는 곳은

바람결에
꿈결에도 알겠더이다
사랑하기에

친구여

어찌어찌 살다 보니 무소식이 희소식이라네
무사 무탈일세
그대 소식에 능소화도 꽃 피고
울던 새도 노래하는가 보네
몸은 멀리 있으나
마음과 생각은 도원결의 의형제 못지않네

살자꾸나일세
좋아죽고 미워죽는 것 말고
함께하지 못해도 함께인 것처럼

21g

과학자 던칸멕두걸은 영혼의 무게는 21g이라 했다
내게서 갑자기 21g이 빠져나간 듯하여
나머지 남아있는 육신을 태우면 3.3kg 정도
그 정도를 남기기 위해 살고 있는 것일까
마음의 무게는 어디에 있는 걸까
그리고 나를 이렇게 힘들게 하는 삶의 무게는
영혼 속에 그 무거운 삶과 마음이 있다고 하기엔
21g은 야속한 숫자놀음
이해되지 않는 무게에 대하여
사람을 참 외롭게 하는 너의 무게는
함께하여도 외롭게 하는
사랑 너의 무게는 쓸쓸함g이다
삶의 무게는 힘듦g이고
마음의 무게는 외로움g이다.

미소

이 모든 시간이
이 모든 생각이
이 모든 행복이
이 모든 기쁨이
미소였으면

행복한 죽음

다육식물은 만약에 죽게 된다면
물 없이 메말라 죽는 것이
습한 곳에서 죽는 것보다
행복하다고 이야기한다네요

주당은 술이 있어야 행복할 테고
나는 사랑만 있으면 행복할 겁니다
그대의

그런 적 없었는데

끼니를 걸렀는데
배고프지 않은 것은
어쩌면 큰 숨을
많이 먹어서일까
아픈 너를 보고
내가 아픈 것보다
더 많이 힘든 것은
아마도 내가
너인 듯하여서일까

배반

마음의
문을 하나 더 닫으려나 보다
그 많은
속상함을 어이 할까나
또 가슴으로 삭히려나 보다

무기력

즐거움이 무덤으로 돌아간 후
남은 것은 단 하나
무기력이었다

할 수 있는 것이라고는
그저 숨 쉬어지는 대로
숨을 쉬는 것뿐

온통 할 수 없는 것과
하기 싫은 것만이 내 곁에 함께 존재해줬다
무기력이었다

그래도 다행인 것은
나 혼자만의 무기력이란 것이다
모두 즐거운가 보다, 다행스럽게도

끼니

점심시간 되면 화장실 가기 바쁜데 예전에 선생님은 화장실도 안 가시는 줄 알았었네요 그리고 소설가나 시인님들은 막걸리나 술이 주식이고 담배가 간식인 줄 알았어요 그래서 매일 취해있어야 소설도 시도 써지는 줄 알았죠

그래서 반공 방첩 글짓기 잘해보려고 동네 양조장에서 꿩 대신 닭이라고 술 대신 술지게미 몰래 먹고 별을 봤죠 별도 두 번씩이나 봤어요 술 취해 어지러워서 넘어지며 벽에 머리 부딪히고 한번 술김으로 잠들어 눈떠보니 하늘에 별이 총총해 눈물이 겁나게 많이 났어요 무섭기도 하고 슬프기도 하고 그래서 술 취하면 우는 사람을 이해한답니다

점심 끼니 먹거리 계속 이어갈게요 돈 많은 사람들은 제비집 요리를 먹는다고 해서 외갓집에 놀러 가서 처마 끝 제비집 따서 요리해달라고 했다가 외할머니한테 드렸다가 눈이 커지며 깜짝 놀라시며 그거 말고 맛있는 거 해주신다며 해주셨던 호박 나물 속 감자떡이 그립네요 아마도 외할머니도 제비집 이야기는 들으셨

지만 그 제비집이 그게 아닌 줄을 아셨는지 모르셨는지 궁금하더라고요 지금은 작고하셔서 물어볼 길도 없어요

감자녹말을 뜨거운 물에 반죽해서 호박 나물을 속에 넣고 쪄낸 감자녹말 만두거든요 정말 맛있었는데 그런 맛있는 음식을 어디선가 한다면 한달음에 달려가 먹고 싶네요 외할머니도 보고 싶고요

요즘 끼니 시간 되면 쉴 수 있어서 좋던데 먹고 싶은 것은 없네요 도시락을 가지고 다녔던 초·중 시절엔 끼니 시간이 아주 싫었는데 먹고 싶은 것은 많았네요 입에 풀칠하는 거는 정말 넉넉해진 것 같아요 예전 그 시절엔 여름엔 수돗물 겨울엔 주전자 따뜻한 물 한 잔으로 끼니를 채운 적도 있었는데 지금은 먹기 싫어서 카페라떼 1잔으로 끼니를 채우기도 합니다

오늘도 그럴까 싶어요 봄이여서 그렇겠죠 모두 바쁘시죠 시선 닿는 곳곳마다 일할 준비가 바쁘고 하루가 다르게 일한 모습이 보여요

물오른 나뭇가지 파랗게 움트는 새싹 나무 끝 꽃망울을
생명 없는 아스팔트도 일하는지 움푹움푹 패이고

안 바쁜 나는 멍하네요
아무리 멍때리기가 유행이라지만
얼마 전 쑥 호떡 만드는 모습 쑥 호떡 멍했는데
갑자기 느닷없이 쑥 호떡 먹고 싶네요
오늘은 모니터 멍하면서 카페라떼를…
점심 맛있게 드세요

6부

에필로그

만남

마흔 살의 나를 쉰 살의 내가 만난다면
왜 그렇게 살았냐고
취해서 살지 말고
그렇게 살지 말라 하였을 텐데

쉰 살 나를 예순의 내가 만난다면
왜 그렇게 살았냐고
가식의 믿음과 위선의 사랑 속에서 헤매지 말고
그렇게 살지 말라 하였을 텐데

이순을 바라보는 지금
훗날 삶의 마침표를 찍을 때의 내가
나를 만난다면
사랑 가득하게 살아
그 사랑 차고 넘쳐 좋은 곳 가는 것이니
잘 살았다고 수고했다고
그렇게 말하려 하니

지금부터
사랑만 하겠습니다

자유

모든 그것 잃었을 때
분노와 좌절이 함께 있었다

모든 그것 잊었을 때
절망과 희망이 함께 있었고

모든 것에 버려졌을 때
슬픔과 고독이 함께 해주었다

모든 것을 놓았을 때
자유였다

떡 본 김에

떡 본 김에 제사 지낸다고 하여
詩 본 김에 시집을 한 권 냅니다
제사를 지내고 떡을 먹는 것이지요
시집을 내고 읽어보니 부끄럽습니다
살면서 행복해지는 글이 있다면
사랑에 관한 것일 겁니다
사랑에 관한 생각들을 적어봤습니다
개나 소나 시를 쓴다고 타박하셔도 고맙습니다
마음속에 담아 두었던 글을 써봤기에

시집이 머무를 집은
심유재(心留齋) 사월집이라 이름을 지어 옆자리에 앉히고
문패 『너와 같은 나, 나와 같은 너에게』로 하여 권미사로 마칩니다

· 심유재(心留齋) : 마음이 머물러 공부하는 집

· 재(齋) : 당과 비슷하지만 제사를 드리거나 한적하고 조용한 곳에서 소박하게 학문을 연마하기 위해 지은 건물이다. 경치 좋은 곳에 작고 은밀하며 검소하게 지어 사용하는 살림집에 부속된 암자와 비슷한 개념의 건물이다. 정사(精舍)와 개념이 비슷하며 두 개념이 결합한 것을 재사(齋舍)라고 부르며 안동권씨 소등재사, 의성김씨 서지재사와 같은 사례가 있다. 서원과 향교에서는 학생들의 기숙사인 동재(東齋)와 서재(西齋)가 있고, 경복궁 집옥재(集玉齋)는 고종이 서재나 외국사신의 접견에 이용한 별서의 개념이었다. 재궁(齋宮), 재사(齋舍), 재실(齋室), 재전(齋殿), 서재(書齋), 산재(山齋) 등의 용례가 보인다. [출처] 아름다운 우리 집 이름 짓기 _ 당, 헌, 재, 택, 가|작성자 인문집

· 사월집輯

· 집(輯) 【의존명사】 모을 집 : 모으다, 모이다, 화목하다 시가나 문장 따위를 엮은 책이나 음악 앨범 따위를 낼 때, 그 발행 차례를 나타내는 단위. ------● 문학 동인지 3~을 발행하다 ------● 5~ 음반을 내다.

오래 살아야 할 이유

습관이 사람의 미래를 바꿀 수 있다는 말을 공감하면서 보내고 있습니다. 새해가 시작되어 며칠이 지나도 각종 문서의 날짜 기록을 전년도를 적고 있는 나를 보면서 습관처럼 적는 것인지 아니면 전년도를 보내기 싫어서인지 수정액으로 날짜를 고쳐가며 생각을 해봅니다.

이렇게 저렇게 생각해봐도 전년도를 보내기 싫어서라기보다는 해마다 연초에는 전년도를 적어 연도를 수정했던 기억을 떠올리며 생각하기를 습관이로구나 습관 참 무섭다고 정리해봅니다. 날짜 수정이 가능한 문서여서 다행이지 수정이 안 되는 문서라든가, 날짜가 중요한 역할을 하는 문서였더라면 아마도 큰 낭패를 보았을 겁니다. 습관이 사람의 미래를 바꿀 수 있다는 것을 마음속으로 깨닫고 공감하며 사람이 오래 사는 이유를 내가 살아오며 느낀 바를 적어보겠습니다. 언젠가도 오래 사는 이유를 적어 본 적이 있는데 그것뿐만 아니라 오래 살아야 하는 이유도 생각이 나서 적어봅니다.

오래 살아야 한다는 것은 시간으로 계산해서 여든 살까지 백 세 이상 살아야 한다는 수학적인 논리가 아닌 인문학적인 논리로 내가 내 의지대로 행복함을 느끼며 살 수 있는 시간을 말하는 것입니다. 기계의 힘을 빌려 무의식 상태로 백 년 넘게 살면 무슨 의미가 있을까요? 그렇게 살아가야 할 날이 온다면 오래 살지 않아도 된다는 내 생각입니다.

세계보건기구 WHO 자료를 찾아보면 인간의 평균 기대수명이 1800년대에는 40세 정도에서 21세기에는 70세 정도로 연장되었다고 합니다. 1800년대보다 21세기인 지금 오래 사는 이유가 뭘까요? 행복해서? 행복해져서? 행복해지기 위해서? 모두 짐작하시겠지만, 문명의 발달이 있기에 가능할 겁니다. 기본적인 영양 문제와 위생 문제 그리고 의학의 발달이 한몫했을 겁니다.

오래 사는 이유가 뭐냐고 물어보면 이렇게 대답한답니다. 항생제(약품)의 발견 및 발달이 10년 정도 수명을 연장했고, 사람의 속을 들여다볼 수가 있는 x-ray(각종 검사장비)가 발견되면서 10년, 그래서 60까지는 무난하게 살고, 건강검진이라든가 각자의 건강관리로 10년, 그러면 70까지입니다. 80부터는 대부분에 있어서 요양원이나 요양병원이 있어서라고 애써 자위하면서 강조합니다.

물론 국가가 정해놓은 규정대로 운영하는 모범적인 요양원이나 요양병원에서의 삶의 질은 그리 나쁘지는 않습니다만, 여러 가지 변수로 인해서 요양원이나 요양병원에서의 삶은 녹록하게 평안하지는 않습니다.

요즘 같은 코로나19 시기에는 지인 면회는 무조건 제한되지만, 가족들의 얼굴조차 볼 수 없도록 만남이 통제되고 제한되니 보고 싶다 해서 볼 수도 없고 만나고 싶다 해서 만날 수도 없으니 말입니다. 그러한 삶이 행복할 수 있겠는가 하고 되물어 봅니다. 오래 사는 이유가 곧 행복하게 사는 것은 아닌 것 같습니다.

그러할진대 오래 살아야 하는 이유는 무엇이겠습니까? 오래 살아야 할 이유에는 반드시 전제 조건이 따르고 그 조건이 만족하게 이루어질 때 오래 살아야 이유가 있는 것입니다. 공자의 논어 편에 보면 삶이 즐겁고 기쁜 이유가 있습니다. 벗이 먼 곳에서 찾아오면 즐겁고 배우고 익히면 기쁘다 하였습니다.

오래 살아야 할 이유가 있다면, 벗이 있고, 벗이 먼 곳에서 찾아와 주어야 하고, 배우고 익혀야 하는 것이 즐겁고 기쁘고, 더 나아가서는 행복이고, 그래야 오래 살아야 할 이유입니다.

물론 사랑 때문에 오래 살아야 한다고 합니다. 그 또한 틀린 말은 아니지만, 사랑이란 시시각각 쉼 없이 변하고 육신의 변화와 같이하기에 그렇게 사랑 때문에 오래 살아야 한다는 것은 부담스러울 겁니다.

사랑이란 첫 번째 그리스·로마 신화 속의 Eros(또는 큐피트, 아모르)가 우리 곁에 있는데 이 사랑은 이성 간의 사랑을 기본적으로 하여 괴로움과 외로움 쓸쓸함 고통스러움이 함께하기에 항상 즐겁거나 행복하지 않다는 것을 알 수가 있습니다.

두 번째 아가페적인 사랑인데 기독교 성경에서 사랑을 가리키는 낱말로 '절대적인 사랑'을 뜻하는 말이며, 이는 희생적이고 헌신적인 사랑이어서 일방적으로 주기만 할, 뿐 받아야 하는 대가성이 없는 사랑이니 사랑이란 주고받고 상호 교류해야 하는데 조건 없는 사랑에 조금은 부담스러울 수도 있는 겁니다.

세 번째 필리아적 사랑으로 사랑의 한 유형으로, 상대방을 자기 자신과 대등하게 여기고 아끼는 사랑을 가리킨다고 합니다.

이렇게 사랑은 크게 세 가지로 나뉜다고 하는데, 사랑 때문에 오래 살아야 하는 것은 즐거움이나 기쁨 행복이 우선시 되지 않고 자기만족에 우선 하기에, 자기만족이 소멸하거나 욕심이 커지면 자기 자신을 멸망하게 할 수 있기에, 사랑 때문에 사랑이 있어 오래 살아야 한다는 것은 내게 있어선 너무 힘든 일이며 힘든 일인 것 같습니다.

사랑은 카오스적이기 때문인 것 같습니다. 알 수도 없고 예측할 수도 없지만 그래도 예측이 되는 인간의 힘으로는 어찌해볼 수 없는 질서이자 혼동이며 규칙이자 비 규칙이기에 사랑 때문에 오래 살고 싶지는 않은 겁니다.

그럼 이쯤에서 무엇 때문에 오래 살아야 할 이유가 있는지 정리해봐야겠습니다. 살아가면서 흔하게 듣는 것 살아야 하는 기간과 이유가 대부분은 자식의 안위를 걱정해서 학교 졸업할 때까지, 취직할 때까지, 시집 장가보낼 때까지 등 본인보다 자식을 위해 삶의 기간과 이유가 정해지곤 합니다. 맞지요. 맞는 말이지요. 백 번 천 번이라도 맞는 말입니다.

그런 맞는 말 말고 도리나 이치나 하늘의 섭리 이런 것 말고 개인적인 너무나 개인적인 이유를 말해볼까 합니다. 내가 나로 보이는 날까지만 나를 위해서 오래 살고 싶습니다. 날 찾는 이가 있는 날까지만 오래 살고 싶습니다. 내가 하고 싶은 것을 할 수 없는 날까지만 오래 살고 싶습니다. 욕심 같지만 말입니다 욕심 한번 내 보면서 어설픈 개똥철학을 이만 줄이렵니다. 감사합니다.

추신 : 오늘 오래 살고 싶은 이유는 너 같은 나와 나 같은 네가 찾아주시니 오래 살고 싶습니다.

심유재 사월집

너와 같은 나, 나와 같은 너에게

최영문 시집

초판발행일 2023년 6월 10일

지은이 : 최영문
펴낸곳 : 도서출판 문학공원
발행인 : 김순진
편집장 : 전하라
디자인 : 김초롱
등　록 : 2004년 3월 9일 제6-706호
주　소 : (우편번호 03382)서울 은평구 통일로 633
녹번오피스텔 501동 302호 스토리문학사
전　화 : 02-2234-1666
팩　스 : 02-2236-1666
홈페이지 : http://www.munhakpark.com
이메일 : 4615562@hanmail.net

※ 잘못된 책은 교환해 드립니다.
※ 책값은 뒤표지에 있습니다.